尾木ママの
いのちの授業 ③

みとめあういのち

監修　尾木直樹

ポプラ社

これから この本を読むあなたへ

尾木直樹(おぎなおき)

　みなさんは、テキパキして自分の意見をはっきり言う女子を「男みたい」なんてからかったりしていませんか。逆(ぎゃく)に、声も小さく態度(たいど)もはっきりしない男子のことを「男らしくないね」なんて文句(もんく)を言ったりしていませんか。

　性(せい)は男と女の2種類(しゅるい)しかなくて、男は男らしく、女は女らしくなければならないという考えしか頭にないと、こういった反応(はんのう)をしてしまうのもわからないわけではありません。

　でも、みなさん。人間の性(せい)とは、男女2種類(しゅるい)だけとはかぎらないのですよ。じつは、にじ色のようにグラデーションになっているんです。

　今回も、東京都内の公立小学校にうかがって、5年生のクラスでじっさいに授業(じゅぎょう)をさせてもらい、多様な性(せい)について考え合いました。その授業(じゅぎょう)のようすも、この本のページの中に組みこんでいます。

　じっさいにワークをやりながらいろいろな性(せい)について考え合っていくと、これまで思いこんでいたのとはちがう、さまざまな性(せい)のあり方が見えてきました。

　そこからさらに、わたしたちのだれもが、男性の中にも女性性(いわゆる女性らしさ)を、女性の中にも男性性(いわゆる男性らしさ)をもっていることに、おたがいをふりかえる中で気づかされました。

　つまり、100人いれば100通りの性のグラデーションがあっていいのです。障がいがあることや、高齢であること、多様な国の人がいることも同じです。一人ひとりがちがう部分もふくめ、「あるがままに」みとめ合い支え合う生き方が大切なのです。そのためには、相手の気持ちになれることがいちばん大切ですね。

　さあ、みなさん、尾木ママといっしょに、多様なみとめ合える人間関係に挑戦してみましょうよ。みんなが笑顔でくらせる社会になるといいですね。

これからこの本を読むあなたへ ……… 2
ぼくっておかしい？ ……… 6

もくじ

尾木ママ先生の授業ですよ！
いろいろな性について考えよう ……… 10
- ステップ1 体の性と心の性ってどういうこと？ ……… 12
- ステップ2 自分らしさを見つけよう ……… 15
- ステップ3 男らしさ、女らしさってなんだろう？ ……… 16
- ステップ4 性のグラデーションを大切にしよう ……… 18
- ステップ5 みんなはどう考えたかな？ 意見を発表しよう ……… 20
- ふりかえってみよう！ ……… 22
- 授業のまとめ ……… 23

1 なりたい自分になろう！ ……… 24
- 知ることで、誤解も偏見もなくなる ……… 27
- インタビュー 自分らしくてしあわせなら、それでいい！ 松中権さん ……… 28
- LGBTって知ってる？ ……… 31

2 外国にルーツのある子もたくさんいるよ ……… 32
- あなたはどう思う？ 日本で起きている外国人差別 ……… 34
- ちがうって、とっても楽しい！ 新宿区立大久保小学校 ……… 36
- ちがいをみとめ合い、世界と友だちになろう！ ……… 39

3 障がいがある人ってかわいそう？ ………… 40

- みんなは障がいについて知っているかな？ ……………… 40
- 障がいってなんだろう？ …………………………………… 42
- わたしと障がい ……………………………………………… 45
- 障がいがあっても楽しく過ごせる社会は
  だれにとってもくらしやすい社会 ……………………… 50

4 高齢者になると、どうなるの？ ………… 52

- おじいちゃん、おばあちゃんってどんな人？ …………… 54
- 高齢者になってみよう！ …………………………………… 56
- 高齢者も笑顔でくらせる社会に …………………………… 58

ちがいをみとめ、みんなが笑顔でくらせる社会 …………… 60

この本を読んでくれたあなたへ ……………………………… 62
この本に出てくることば ……………………………………… 63

10ページの授業を行った東京都足立区立辰沼小学校の、仲野繁校長先生です。

こんにちは。授業ではいろいろな性について考えましたよ。

尾木ママ先生の授業ですよ！

いろいろな性について考えよう

みなさんは今までに、「男なんだから」とか「女の子らしくしなさい」って言われたことはありますか？　男らしさ、女らしさってなんでしょう？　そもそも男女って、単純にふたつの性だけに分けられるのでしょうか？　体の性と心の性について、小学校で授業をしましたよ。本当の自分らしさについていっしょに勉強し、考えてみましょう。

ステップ1 体の性と心の性ってどういうこと?

左と下の写真の人物。このふたりはどんな関係にある人だと思いますか?
きょうだい? 親せき? それとも友だち同士?
じつはこの2枚の写真、同一人物なんです。

出典:『いろいろな性、いろいろな生き方①
いろいろな性ってなんだろう?』
監修:渡辺大輔 ポプラ社刊

体の性と心の性

写真の人物は佐倉智美さんといいます。男性として生まれてきたけれど、学校でも働きはじめてからも、「なんか変だな、感情と動きが、ぴたっと合わなくてきゅうくつだな……」と感じて生活していたのだそうです。

佐倉さんは、ある日テレビで、「体は男性だけれど、心は女性」という人がいることを知りました。それをきっかけに「自分は女性として生きたかったんだな」と気づき、女性として生きることを決心したそうです。

人間は、生まれつきの体の性と、心に感じる性とがぴったりいっちするとはかぎらないのです。

佐倉智美 さん
男性として生きてきて、女性と結婚。同じころ、自分は女性として生きたかったことに気づき、女性として生きることを決める。奥さんにもうちあけ、少しずつ受け入れてもらい、今は女性として生きている。

好きな色ってどんな色？

もうひとつ質問です。右にある青色とピンク色、あなたの好きな色はどっちの色ですか？

この２色をならべたとき、一般的には青色が男性、ピンク色が女性を連想させますね。あなたの好きな色はどっちでしょう？

授業では、男子女子問わず、青色が圧倒的に人気でした。どちらかなやんでいる人もいましたよ。

ぼくは青色が好き。

わたしは……どっちも好きだな。

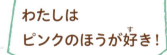

わたしはピンクのほうが好き！

わたしはどちらでもないかも……。

ふむふむ……。べつの色が好きなのね。

いろいろな色から、自分の好きな色を選ぼう

　では、今度はにじの中から好きな色を選んでみましょう。
　にじは7色ですが、よく見るとそれぞれの色の境目は、少しずつちがう色になっています。このように、色が連続して変化していく配色を「グラデーション」といいます。グラデーションの中からなら、選ぶ色のはばがグンと広がって、本当に自分の好きな色が見つかるかもしれません。
　性も、このグラデーションのように人それぞれで、いろいろあるのです。「男と女の2通りだけにかんたんには分けられないよ」と言ったのは、そういう意味です。男性も女性も、10人いたら10通りの性がある、100人いたら100通りの性があるのですよ。

性も、にじと同じように、いろいろな色合いがあるのよ。

14

ステップ2 自分らしさを見つけよう

授業の中では、尾木ママと仲野校長先生がおしばいをしました。仲野校長先生は、尾木ママが男性なのに「尾木ママ」と呼ばれていることに、疑問を感じているようです。下のおしばいを見て、あなたはどう思いますか？

尾木ママのおしばい

①
こんにちは、尾木ママよ～。

尾木先生は見た目は男なのに、どうして尾木ママなんですか？本当は女性なんですか？

尾木ママ　　仲野先生

②
尾木ママは尾木ママよ～。

ピンクのネクタイやシャツ、ブローチも、全部女の子っぽいなって思うんですけど……。やっぱり女性なんでしょ？

③
でも、仲野先生だって、携帯にかわいいストラップがいっぱいよ！女の子が大好きなスイーツも好きだし。

ん……。そういえばそうですね。

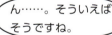

スイーツ大好きだし……

④
そういうの全部ふくめて、仲野先生は仲野先生なのよ。ぼくも同じ。全部ふくめて『尾木ママ』はぼくなのよー。

確かに、全部ふくめて尾木先生は尾木先生ですね。

みんなも考えよう！

はじめは尾木ママのことを、女性なんじゃない？と言っていた仲野先生でしたが、最後には、男らしさとか女らしさに関係なく、尾木ママが自分らしくいることが、尾木ママの魅力なんだという考えに変わりましたね。
　自分らしさとは、自分にしかない個性のこと。つまり、その人の魅力なのです。

15

男らしさ、女らしさってなんだろう?

次は、自分の魅力、自分の性について考えてみましょう。下にあることばの中から、自分にあてはまるかもしれない……と思うものすべてを選んでみてください。

● 授業で配ったシート

次の中から、自分にあてはまるかもしれない……と思う項目すべてに○印をつけてください。

A

力持ち ・ スポーツが得意 ・ 元気 ・ 強い
けんかする ・ 勇気がある ・ たくましい
かみの毛が短い ・ いつも外で遊ぶ
気楽 ・ やさしい ・ おもしろい
足が速い ・ 体かくがいい ・ 声が大きい
かっこいい ・ すぐに泣かない
大きい ・ たよれる ・ はげしい ・ 親切
友だち思い ・ にぎやか
思ったことははっきり言う ・ よく遊ぶ
すぐ仲直りできる ・ いじめる
人のことをからかう ・ 自由

B

おとなしい ・ やさしい ・ 頭がいい
おしとやか ・ おしゃべり ・ かわいい
おしゃれ ・ 字がきれい
かみの毛が長い ・ 元気
ことばづかいがていねい ・ 気が小さい
しっかりしている ・ がまん強い
うるさい ・ 気づかいができる
うら表がある ・ おだやか ・ おもしろい
口が悪い ・ 思ったことははっきり言う
きよう ・ いじめる ・ 口げんかをする
友だち思い ・ けんかがきらい
か弱い ・ こわい ・ 自由

じつは、左ページのことばは、授業の前にみなさんにアンケートをとって、Aは男らしさ、Bは女らしさをイメージすることばを書いてもらったものです。あなたはAとB、どちらのことばを選びましたか？ 授業でもみんなに聞いてみました。

どちらにも○がついた人は〜？

は〜い！

全員が両方に○がついていました。
100%「女らしい人」、100%「男らしい人」なんているのかな〜ってことですね。
みんなはどうでしたか？

みんなも考えよう！

授業では全員が、「男らしさ」も「女らしさ」も両方もっていることがわかりました。そして、Aの「男らしさ」に○が多い女の子や、Bの「女らしさ」に○が多い男の子、どちらも同じくらい○がついた子など、みんな一人ひとりちがいました。にじにいろいろな色があったように、性にも人それぞれの、いろいろな性があるんじゃないかな？

ステップ4 性のグラデーションを大切にしよう

　下に書かれていることばは、ステップ❶で紹介した、佐倉智美さんのことばです。このことばを読んで、みんながしあわせになるにはどうしたらいいのか、考えてみましょう。

> わたしは、女になりたかったわけではない。
> 自分がこうありたいと思う「自分」を望んだだけ。
> でも、今の社会では、なりたい自分になる前に、
> まず男か女かでなくてはならない。その壁をくずしたいんです。

みんなを大切にできる学校って、どんな学校？

　どうすれば一人ひとりの性のグラデーションを大切にできるでしょう。まずはみんなが一日の多くの時間を過ごす学校の中から考えてみましょう。
　学校の中には、体の性を基準に分けられていることがいくつかあります。まずは本当にそれが大事なのかどうか、見直してみましょう。

①トイレはどうかな？
②体育やクラブはどうかな？
③友だち関係はどうかな？
④そのほか、性別で分けられていると思うことはあるかな？

佐倉さんのような人がきゅうくつに感じなくてすむ学校って、どんな学校でしょう？

　体の性は女子だけど、心は男子という人は、女子トイレに行くのがつらい。逆の人もいます。体の性が男子だけど、心が女子だったら、女子トイレに行きたいけど、行くと「きゃーっ」っておどろかれちゃう。体育やクラブ、友だち関係でも考えてみましょう。

班で考えてみよう！

学校生活の中でどんなところを改善すると、体の性と心の性がちがう人でも生活しやすくなるでしょう。どうすれば性のグラデーションを大切にできるでしょうか。授業では、4人1組で班をつくって話し合い、意見をまとめました。

男子と女子って、水着がちがうよねー。

そうですね。水着は男女ちがうわね。どちらもセパレートなんて、いいアイディアね。

男子も女子みたいにセパレート水着にすればいいんじゃない？

手芸クラブって、男子入りにくいよね……。

うん、確かに……。

トイレって、男女分かれているよね。どうしたらいいかな？

トイレが……。

むずかしいわね……。

手芸クラブか……。その呼び方だと、女の子のイメージなのかしら。

みんなはどう考えたかな？意見を発表しよう

ステップ❹で、班ごとに考えたことをまとめ、発表し、いろいろな意見をクラスのみんなで共有しました。

> トイレマークは男子は青、女子は赤だけど、その色を変えて、レインボーにしちゃう。まず雰囲気を変えたら、使いやすいかなぁと思って。

> 女の子ばっかりの手芸クラブを、男の子も入りやすい名前の「クラフトアートクラブ」にする。

> 男女関係なく遊ぶ。だれが友だちでも悪くないという意識をもつ。

> マラソン大会で、走る距離を男女同じにして、いっしょに走る。

> 服装を男女関係なく、みんな着たい服を着るようにする。

こんな考えも…

学校の中で、性別によって分けられてしまっていることって結構多いんです。

たとえば着がえの場所も、男子・女子に分けるだけではなく、個室や保健室を使用できたり、男子も女子も使用できるトイレを設置したり……。一人ひとりが自分のいいと思うことを選択できるような環境をつくっておくと、いいのかもしれませんね。

みんなが自分らしく過ごせるように！

学校にはいろいろな子がいて、いろいろな性があります。みんなが自分らしく過ごせるような環境が少しずつ増えるようにしたいですね。

どのお友だちも、みんなすてきな個性ですね。

わたしはスカートがきらいです。女子と遊ぶより、男子と遊ぶほうが楽しいです。

ぼくは、ビーズでアクセサリーをつくるのが大好き！　つくったアクセサリーをつけて、自分をかざるのも好きです。

わたしは最近好きな男の子ができました！今度の席がえで、近くになりたいな……。

ぼくの好きな人は、男の子です。その子のことを考えると、ドキドキします。

みんなも考えよう！

一人ひとりが自分らしく過ごせるよう、じっさいに男子トイレも女子トイレのように個室だけにしたり、制服でズボンをはきたいっていう女子の意見を尊重し、規則を変えて女子も制服のズボンを選べるようにしたりという学校もあります。
みんなもどんなことができるか、考えてみてね。

ふりかえってみよう！

授業で学んだことをふりかえってみましょう。じっさいに授業を行ったクラスでは、次のような感想も出ました。

> 授業を受けて、人それぞれ性別があるとわかった。そして、わたしは男なんだろうか、女なんだろうかと疑問に思った。でも、性別は人それぞれだから、そのこたえをもとめる必要はないなと思った。

> 性別は関係なく、自分が満足いくほうを選べばいいと思った。自由に生きればいい。

> 自分はもしかしたら半分男で半分女かもしれないです。

> 体と心の性がちがう人が、どうすればなやまずに過ごせるか、これから考えようと思った。

> 体と心の性がちがって、公共のトイレやおふろに入れない人もいるんだなと思った。

そのほかにも、100%男、100%女という人はいないことがわかった、男女は線で分けられるものではないと思った、性が変わっても、それは個性だからいじめてはいけないと思ったなど、たくさんの意見がありました。性についての新しい気づきがあったようです。

授業のまとめ

　体の性＝心の性とはかぎらないこと、心の性は人によってさまざまだということがわかりましたね。そして**いちばん大事なのは、自分らしさ**だということをお伝えしました。

　授業でも出てきたにじのように、いくつも選べる選択肢があれば、その中から自分にぴったり合うものが見つかるでしょう。いちばん身近な学校で、自然な自分自身でいられないって、とてもつらいことです。**自分に合う、自分らしい生活ができるよう**、みんなで改善策を考えてみてください。いろいろ気づくことがあるんじゃないかと思います。

　「体の性は女でも男っぽい」「体の性は男でも女っぽい」など、体と心の性のギャップになやむ人がいます。そして残念ながら、それがもとで、いじめが起きたりもしています。**100人いれば100通りの性がある**ことを、みなさんがしっかり理解し、**「男性・女性」にまつわる偏見のない、みんなが楽しく過ごせる学校**になるように、知恵を出し合ってみてください。日ごろから意見をたくさん交わして、**おたがいのちがいを知り、みとめ合えれば**、きっと解決策が見つかるはずです。

1 なりたい自分になろう！

23ページまでの授業で、「心の性」「体の性」「好きになる人の性」は、人それぞれであること、性は男と女のふたつではなく、100人いれば100通りの性があることがわかりましたね。

でも……。
じゃあ、どうして
いろいろなところで
「男」「女」の
ふたつに分かれているの？

**生まれてきたときの体が、男と女の大きくふたつに分けられるから。
2通りに分けたほうが、いろいろと便利なことが多いから。**

というだけかもしれません。

生まれてきたときの体の性で、男と女のふたつに分けると、すんなり分かれる人もいれば、ちょっと違和感があったり、きゅうくつな思いをしたりする人もいます。
　ある会社の調査*によると、心、体、好きになる人の性などが、男女のふたつにすんなり分けられないという人は、全体を100%とした場合、7.6％でした。約13人に1人の割合です。

　人は男と女の2通りで、異性を愛するのが当然という考えだと、違和感がある、きゅうくつに感じる、という人たちのことを「セクシュアル・マイノリティ」といいます。日本語にすると性的少数者と訳されます。

> みなさんは、7.6％という数字、多いと思いますか？
> 少ないと思いますか？

*電通ダイバーシティー・ラボ「LGBT調査2015」より

じつは、この7.6％という数字、日本人の中の左利きの人の割合と同じくらいだそうです。みなさんのクラスや家族など、身近な人にも、左利きの人はいるでしょう。その左利きの人の割合と、自分の性が男女のふたつにすんなりと分けられない人の割合は、同じくらいなのです。ほかにも、日本人全体の血液型の、AB型が占める割合も、同じくらいだそうです。

　自分の性について人に話すか話さないかは、本人が自由に決めていいことです。でも、セクシュアル・マイノリティの人たちには、そのことをだれかに話したいと思っていても「まわりに言えない」「かくしている」という人が多くいます。なぜでしょう？
　それは、セクシュアル・マイノリティは「特別なこと」「ふつうじゃない人」といった偏見をもっている人が多いからです。特に今の大人には、その傾向があります。これまでの社会の常識が、セクシュアル・マイノリティは「ふつうじゃない人」としていたからです。じっさいは、左利きと同じくらい当たり前にあることなのに……。

知ることで、誤解も偏見もなくなる

みなさんはもうだいぶ理解してきましたね。
これからの社会をつくるみなさんが、セクシュアル・マイノリティについての正しい知識をもっていれば、誤解はなくなり、偏見もなくなります。

みなさんが大人になるころ、セクシュアル・マイノリティの人がそのことをだれかに話したくなったとき、「わたし、心の中は男の子なんだ」「ぼく、男の子を好きになったよ」と、自然に言うことができる未来になってほしいと思います。ちょうど、左利きの人やAB型の人が、「わたし左利きなの」「ぼくAB型だよ」と言うのと同じように……。

インタビュー

自分らしくてしあわせなら、それでいい！

松中権さんは、体の性が男性、心の性も男性で、男の人を好きと感じるゲイです。そのことを公表し、みんなが自分らしく生きられる社会のために活動しています。松中さんに、子ども時代の話や、差別についてどう思うか、聞きました。

そのうち女の子になるのかな？　って思ってた

ぼくが、「友だちとちがうかも」と気づきはじめたのは、小学校高学年のころ。男子が、好きな女子の話をするのに、ぼくが気になるのは男の子だったんだ。そのときはまだ、男が男を好きになるなんてあるはずない、「お母さんが女の子をほしかったからかな？」「そのうち女になるのかな？」と思ってた。そうなったら、名前を「権子」に変えるの!? って絶望してたんだ（笑）。性について、ぼく自身、何も知らなかったからね。

そのころ、クラスに女の子っぽい男子がいて、からかわれていてね。それを見ると、とても苦しかった。まるで自分が攻撃されているみたいで。「ぼくもいじめられたらどうしよう」って不安にもなったから。

相談するのは、味方になってほしいから

　もし、だれかがきみに性のことで相談したら、それは、味方になってほしいんだと思う。ひとりじゃ不安で、きみだけに大切なことをうちあけているんだ。だから、ほかの人にそのことを気軽に話してはいけないね。
　きみはとまどうかもしれない。でも、話は聞いてあげられる。信頼できる大人に、いっしょに相談に行ってあげることもできる。ぼくは昔、ビー玉を投げて学校の窓ガラスを割っちゃったことがあるんだけど、先生に言えずにいたら、「ごんちゃん、いっしょにあやまりに行こう」って友だちがついてきてくれたんだ。とてもうれしかった。それと同じだと思う。
　LGBT（→31ページ）はけっして悪いことじゃないけど、味方になってくれる友だちがいたら、不安がへると思うんだ。

> 小・中学校時代のぼくは、
> 自分の性のことを友だちに言えなかった。
> 親友にうちあけたのは、大人になって
> からで、それまでずっと「治さなくちゃ」と
> ひとりでなやんでいたんだ。
> もっと早く味方がいたらよかったな。

みんなが自分と同じではない

「世の中には、いろんな人がいるよ」と、言うのはかんたん。でも、まわりにしあわせそうにしているゲイやレズビアン（→31ページ）の人がいなかったら、本当に理解するのはむずかしいよね。

だったら、こう考えてみて。「みんながかならず自分と同じように感じたり思ったりするわけじゃないんだ」って。同じ映画をみて、感動して泣く人もいれば、感動しない人もいるでしょう？

子どものころって、なんでもみんなと同じがいいって思いがち。楽しいし、安心できるから。でも、自分とはちがう考えの人と話すのも、きっと楽しいよ。それまで思ってもみなかったことを、教えてくれるかもしれない。もし、LGBTの友だちがいたら、まったくちがう発想で、恋のアドバイスをしてくれるかもしれないよ！

きみらしくてしあわせなら、いいよね

今ぼくは、男の人を好きと感じる自分を「それでいい」と思っている。「権が権らしくてしあわせならいいよ」と言ってくれる家族や友だちも大勢いるんだ。

これを読む人の中には、性のことでなやんでいる子もいるかもしれないね。きみが今いる世界は、きっと小さな世界なんだよ。外へ一歩出たら、きみをそのまま受け入れてくれる場所がかならずある。だからなやんでいのちを落としてしまうようなことは、絶対にしないでね！

松中権 さん

プロフィール

広告会社に勤めながら、セクシュアル・マイノリティの人たちが、自分らしく生きていける世の中になることを願い、認定NPO法人「グッド・エイジング・エールズ」を設立。LGBTの人も、そうでない人もつどえるカフェや住まいの運営を通して、だれもがくらしやすい社会をめざして活動中。

いろいろな性があって当たり前という社会になったらいいな！
人はみんな、自分と考え方が同じじゃない。
考えの似ている者同士でも、ちがうふうに考えることがある。
いろんな人がいるから、世界はおもしろいんだよね！

LGBTって知ってる？

LGBTとは、4つの英語の頭文字を合わせたことばです。

L：レズビアン（女性を好きになる女性）

G：ゲイ（男性を好きになる男性）

B：バイセクシャル（男性と女性とどちらも好きになる人）

T：トランスジェンダー（心と体の性がちがう人）

つまりLGBTは、こうした人たちのことをあらわすことばとして使われています。

I：インターセックス（身体的に男女の区別がつきにくい人）

Q：クエスチョニング（自分の性別や性的指向に確信がもてない人）

の頭文字を加えて、**LGBTQ**、**LGBTIQ**とすることもあります。

LGBTIQのほかにも、男性も女性も、どちらも恋愛の対象としないアセクシャルの人や、男女の性にかぎらず、どんな性でも好きになるパンセクシャルの人など、いろいろな性的少数者すべてふくめて、「セクシュアル・マイノリティ」です。

セクシュアル・マイノリティのシンボルマークは、にじです。にじは、世界中で見ることができます。また、たくさんの色をふくんでいることから、多様性をあらわすと考える人もいます。にじのマークには、「性の多様性、人間の多様性を守る」という思いがこめられています。

※すべてのセクシュアル・マイノリティの総称として「LGBT」を使うこともあります。

2 外国にルーツのある子もたくさんいるよ

みなさんの学校には、外国籍のお友だちがいますか？ 日本語がわからなかったり、母国とのちがいにとまどったりしている人はいませんか？ ここでは、そんな人の気持ちをいっしょに考えてみましょう。

現在、日本の公立小学校では4万5267人、中学校では2万1437人の外国人が学んでいます*。外国で生まれ育ったなどの理由で、日本人だけれど日本語のわからない児童・生徒も大勢います。

＊平成27年5月1日現在 「公立学校に在籍している外国人児童生徒数」（文部科学省「平成27年度学校基本調査」より）

ことばやくらし方がちがうって、とっても不安なんじゃないかな。

親の仕事の関係で日本に来ました。

わたしの国では戦争があってくらせないから、家族で日本に来たのです。

ぼくは祖父母が日本人です。日本で働く親といっしょに、移住しました。

父の仕事の都合で、外国で生まれました。母国である日本に来たのは、はじめてです。

想像してみましょう。

あなたが、ことばのわからない国でくらすことになって、その国の学校に行くことになったら？ そしてクラスメイトから、こんなことを言われたら？

※ヒジャブは、イスラム教徒の女性がかみの毛をかくすために身に着けます。

あなたはどう思う？
日本で起きている外国人差別

　東京の町で、一部の人が、「日本にくらす○○人は出て行け！」「○○人は犯罪者だ！」などとさけびながら行進しているのを見かけました。今、特定の国の人や民族などに向かって、にくしみのことばをあびせかける「ヘイトスピーチ」が、日本の各地で行われ問題になっています。とりわけ、在日韓国・朝鮮人がくらすエリアで、多く見られます。

　日本でくらすその国の人たちは、強いショックを受け、「とても傷ついた」「こわくてたまらない」と話しています。

想像してください。

　もしあなたが外国にいて、その国の人が大勢で集まり、「日本人は犯罪者だ！」と言っていたらどう感じますか？

　「ある国民や民族がきらい」という感情をもつことは、個人の自由です。けれど、それを口にして人をおとしめ、それを聞く人に「いっしょに差別しよう」とあおることは、ゆるされません。

　ヘイトスピーチのデモの現場には、それを止めようとして集まる人たちも大勢います。「人種差別反対！」「デモを中止しろ！」などとさけびながら、デモ行進を止めようとしています。

東京都内で行われたヘイトスピーチに抗議する人びと。

でも、この間外国人が強盗をしたっていうニュースがあったけど……。

それはごく一部の人ですよ。日本人でも、罪を犯す人が一部にいるのと同じです。でも、だからって「日本人は犯罪者だ！」なんて言わないでしょ？　ヘイトスピーチはゆるされません！

日本にくらす外国人の中には、差別を受けて、いやな思いをしている人がたくさんいます。

外国人だからという理由で、アパートを貸してもらえないんです。

外国人だからって、旅館にとまるのをことわられました。

イスラム教徒なのですが、職場でヒジャブを着けてはいけないと言われたんです。

わたしは「外人」って呼ばれるのが、とてもいやなの……。

「外人」は、差別をする気持ちがなくても、使ってしまうことばですが、「日本の人に受け入れられていない」と思うなど、いやな感じを受ける外国人も多いので、気をつけましょう。

　差別をする人は、どうしてこんなことをするのでしょうか？　ことばの通じない人を受け入れるのが不安だから？　日本に住むなら、日本人と同じようにするべきだと思っているから？

みんなはどう思う？

35

ちがうって、とっても楽しい！

東京都にある「新宿区立大久保小学校」は、外国人の児童がとても多い学校です。
ことばも生活習慣もちがうクラスメイト。どうやって授業や遊びの時間を過ごしているのでしょう。

新宿区立 大久保小学校って？

大久保小学校のある東京都新宿区のこの地域には、外国籍の人が多く住んでいます。大久保小学校の児童も、全校の約3割が外国人。両親や祖父母が外国人で、日本生まれの子もふくめると、6割近くが外国にルーツをもっています。日本語のわからない子どもたちは、校内の日本語国際学級で日本語を習いながら、ふだんは各学級で、日本語で授業を受けています。

ことばも習慣もちがう国に来る転入生

大久保小学校では、日本人も外国人も同じクラスで学んでいます。1クラスに30人いると、そのうちの約10人が外国人という計算になります。特に多いのは、韓国や中国、フィリピンやタイの子どもたち。最近はネパール人も増えてきました。

そうした外国人の中には、新入生として1年生から大久保小学校に通う子もいますが、学年のとちゅうで外国から転校してくる子もいます。なかには、お父さんとお母さんだけが日本で働き、自分は両親とはなれて祖父母と母国でくらしていて、小学生のとちゅうで日本にいる両親のもとへやって来る子もいます。自分の国とは文化や習慣のちがう国に、ことばもわからないままひとりで来るのです。

転校は、国内でするのも不安なものですが、ことばのちがうべつの国に行くということを思いうかべてみてください。もし、自分がそうなったらと想像すると、ひどく緊張して、とても不安でしょうね。

転入生を助ける子どもたち

　日本語がわからない外国からの転入生を、大久保小学校の子どもたちはどのように受け入れているのでしょうか。

　先生が世話をやかなくても、子どもたちは、転入生に進んで声をかけます。ことばが通じなくても、身ぶり手ぶりを使って話しかけます。さらに、同じ国から来た子がクラスにいれば、その子がわからないことを教えてあげます。日本語しか話せない子と外国語しか話せない子の間に、その両方を話せる子が橋渡しとして入って、コミュニケーションをとるそうです。

　クラスの友だちが笑顔で受け入れてくれることで、転入生の大きな不安と緊張が、ほぐれていくのです。

話はわかりやすく、気持ちが伝わるように

　それでも、もちろん日本の学校の習慣にとまどう外国の子はたくさんいます。たとえば給食。食べたことがない料理にしりごみしていても、「食べてみたらおいしかった！」という子が多いそうです。

　外国人の中には、ピアスをするのが当たり前の国から来た子もいます。大久保小学校の先生は、「ピアスは禁止です」ではなく、「けがをすると危ないから、ピアスはとろうね」と、気持ちが伝わるように話します。必要があれば、先生が子どもの家まで説明に行くこともあります。このように、先生たちがふだんから気持ちを受けとめたり、伝えたりしようとしているので、子どもたちも自然にそういう行動をとれるようになるのかもしれません。

図書館にならぶ、さまざまな言語の本。自分の国の本が読める図書の時間に、子どもたちはホッとします。

「楽しいから遊ぶ」「こまっているから助ける」

　大久保小学校の放課後の校庭では、毎日たくさんの子どもたちが遊んでいます。国籍を問わず、遊びたい人が集まって遊んでいます。ことばが通じなくても気にしません。遊びを通してコミュニケーションをとり合うのです。ときには意見がちがって、けんかをすることもありますが、ふだんからわかりやすく気持ちを伝えようとしている子どもたちです。大きなトラブルにはならず、また遊びはじめます。

　日々さまざまな国の子とつきあっているため、大久保小の子どもたちは、人との間にかべをつくりません。以前、この地域でもヘイトスピーチの多い時期がありましたが、子どもたちに影響はありませんでした。大久保小の子どもたちは、国籍など関係なく、「楽しいから遊ぶ」「こまっているから助ける」ということが、自然にできているのです。人に会えばあいさつをし、積極的にコミュニケーションをとる子が多いそうです。

　ふだんから、ことばのかべを乗りこえて相手と気持ちを伝え合おうと努力しているので、その積極性が、大人やほかの人とのおつき合いにもあらわれているのでしょうね。

ちがいをみとめ合い、世界と友だちになろう！

　国や民族がちがえば、ことばや風習がちがうのは当たり前。それを変えさせる権利は、だれにもありません。それが理由で差別を受けるのは、おかしな話です。

　自分とちがうからと、相手を仲間はずれにすることは、自分たちのまわりにかべをつくって、その中でくらすことと同じです。

　かべをつくらず、外国の人とも仲良くなれば、世界はどんどん広がります。日本では「あたりまえのこと」が、ほかの国では「あたりまえじゃないこと」だと知り、さまざまなものの見方、考え方があると学ぶことができるのです。

　かべをつくるか、世界を広げるか、あなたはどちらを選びますか？

ぼくはもちろん、世界中の人たちと友だちになりたいな！

3 障がいがある人ってかわいそう？

みんなは障がいについて知っているかな？

障がいとひとくちに言っても、いろいろな障がいがあります。
また、同じ障がいでも、その程度など大きく個人差があります。

わたしは生まれたときから目が見えません。

視覚障がい

ぼくは、16歳のときに交通事故にあい、片足を切断しました。

肢体不自由

身体障がい

ぼくは大学生のときに突然耳が聞こえなくなりました。

聴覚障がい

ぼくは、思ったことがうまくことばにできません。

音声・言語障がい、そしゃく機能障がい

知的障がい

ぼくは、友だちが言っていることを、すぐに理解することがむずかしいです。

発達障がい

ぼくは大きな音がとても苦手です。ときどきパニックになってしまいます。

自閉症スペクトラム

精神障がい

統合失調症

ぼくは、まわりの人がみんな、自分の悪口を言っているように聞こえるときがあります。

うつ病

わたしは、どうしても気持ちが落ちこんで夜眠れなくなったりします。

わたしは見た目だとわからないのですが、心臓が悪くて、ペースメーカーという機械を入れています。

内部障がい

ここにあげている以外にも、さまざまな障がいがあります。みんな、のぞんで障がいをかかえているわけではありません。いろいろな事情で障がいをもち、障がいと向き合って生きています。

肢体不自由

わたしは生まれたときから、片手のひじから先がありません。

もう少しくわしく見ていきましょう。障がいについて、いっしょに考えてくれる先生をご紹介しますよ。ゆうこ先生、お願いしま〜す！

障がいってなんだろう？

こんにちは！　ゆうこです。
みんなといっしょに、
障がいについて
考えていきたいと思います。

前のページで見たように、障がいは人それぞれです。さらに、障がいというものは、生まれたときからもっているだけでなく、事故や病気のため、人生のとちゅうでもつこともあります。

障がいってなんでしょう？

みなさんは、車いすで移動している人を見たことがありますか？
どうして車いすを使っているのでしょう？

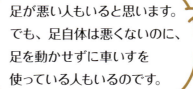

足が悪くて、
歩くことができないから
……かな。

足が悪い人もいると思います。
でも、足自体は悪くないのに、
足を動かせずに車いすを
使っている人もいるのです。

どういうこと
でしょうね。

体が動くためには……

人の体が動くしくみを考えながら、障がいについて説明します。
人がボールをける動作で考えてみましょう。
みなさんの体が動くためには、いくつかの流れがあります。

わかりやすく、かんたんに説明しますね。

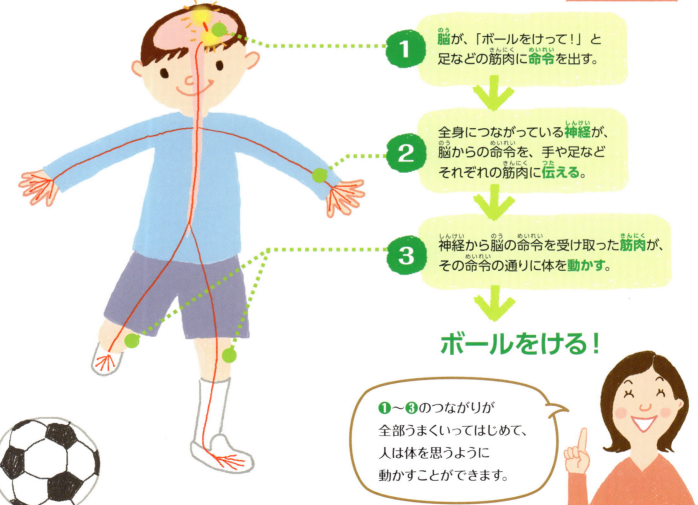

1. 脳が、「ボールをけって！」と足などの筋肉に命令を出す。

2. 全身につながっている神経が、脳からの命令を、手や足などそれぞれの筋肉に伝える。

3. 神経から脳の命令を受け取った筋肉が、その命令の通りに体を動かす。

ボールをける！

❶～❸のつながりが全部うまくいってはじめて、人は体を思うように動かすことができます。

❶〜❸のどこかひとつにでも障がいがあると、つながりがうまくいかなくなり、体を自由に動かすことがむずかしくなります。たとえば、❶〜❸のどれかの、足に関係する部分に障がいがあったら……？

脳
足はどこも悪くなくても、脳の障がいで足に命令を出すことができないと、足は動かず、ボールをけることができません。

神経
脳がきちんと命令を出しても、それを足に伝える神経に障がいがあると、命令が筋肉に伝わらず、ボールをけることができません。

筋肉
脳が命令を出して、神経がその命令を伝えるというところまでうまくいっても、筋肉に障がいがあると、命令の通りに動かせないので、ボールをけることができません。

同じ「ボールをけることができない」人でも、それぞれの理由はちがうのです。

そう考えると、障がいは40〜41ページにあげた種類より、もっともっとたくさんあることがわかりますね！
さて、次のページからは、わたし自身の障がいについて少しお話しします。

わたしと障がい

わたしの身長は128㎝です。
　生まれたときから、骨に障がいがあり、これ以上背がのびません。背がのびないだけではなく、足をみんなみたいに曲げて、しゃがむこともできません。だから、靴のひもは自分でむすべないのです。ほかにもいろいろ不便なことはあります。

でも、治すことはできません。

　「障がい」は、手術をしたり薬を飲んだりしても、完全には治らない病気のことを言います。本人の努力ではどうにもならないのです。

　わたしの障がいは、自分のせいでもなく、もちろん、ほかのだれかが悪くてなったものでもありません。どうしようもない、しょうがないことなのです。
　そして、世の中には、そんな障がいをもっている人がたくさんいます。
　みなさんにはまず、そのことを知ってもらいたいな。
　だれのせいでもないのに、どうしても治らない病気をもち、でもその病気と向き合ってがんばって生きている人が、たくさんいるのです。

障がいをもつということ

わたしは小学生のとき、いつもほかの学年の人たちに「なんだ、あの小さい人！」と指をさされたり、「歩き方も走り方もヘンだ！」と大きな声で笑われたりしていました。とても悲しい気持ちでした。いっしょの小学校に通っていた弟まで、わたしのことで笑われることもありました。それを見たときも、いつもつらく、悲しい気持ちでいっぱいになりました。

小学校の入学式の日のわたし（右）。2歳下の弟とのツーショットです。わたしが6歳で弟が4歳です。

でも、そんなとき、いじめっ子からわたしをかばってくれたり、泣いているわたしに「だいじょうぶ？」と声をかけてくれたりした友だちがいました。わたしは、悲しみと同時に、しあわせな気持ちにもなりました。「わたしは不幸なの？」「しあわせなの？」 そんなことを考えました。

そして、いつもしあわせのほうを見ることに決めました。**「笑われる自分より、人を笑う人たちのほうがずっとかっこ悪い！」** そう思ったのです。

大人になった今も、「大人なのに小さい人がいる!」と子どもに笑われたり、じろじろ見られたりと、つらい思いや悲しい思いは、たくさんしています。これまで、何度も心が折れそうになりました。でもわたしにはいつも、がんばろうという気持ちになる出会いがたくさんあり、まわりの人たちが支えてくれています。わたしにとって、**大好きな人たちの笑顔が、何よりの応援になるのです。**

この日は高校での授業。差別や偏見を受けながらも、わたしが前向きに生きていられる理由をお話ししました。ボードの高い位置に文字を書くときは、その学校の先生にお願いしました。

宮城県仙台市の会社で働いていたころのわたし。制服はわたしの身体に合わせつくってもらいました。

小学3年生の男の子とわたし（左）。わたしの身長がどれくらいか、こうやってならぶとよくわかるでしょ？

ゆうこ 先生

プロフィール

浦尾裕子　1974年、宮城県生まれ。先天性の骨の障がいにより、身長は128cm。アメリカで1年生活し、障がい者が偏見や好奇の目で見られずに歩ける環境に衝撃を受ける。そんな社会を理想に、授業や講座を通して、障がい理解の活動を行っている。好きな食べものはカレー、苦手な食べものはレバー。趣味はテレビドラマを見ることと、ひとりで歌うこと!

　障がいをもったことは不幸な出来事に感じるかもしれません。でも、「障がい＝不幸せ・かわいそう」ではありません。**障がいでつらいこと、それは、まわりの人から特別な目で見られ孤独になることです。**だから、笑われたりさけられたりすることなく、こまったときにまわりの人たちがさりげなく手伝ってくれたら、障がいで大変なことはあっても、それを乗りこえることができるのです。

障がいがあっても、うれしいことや悲しいことはいっしょ

　障がいがある人の中には、自分で食べたり、話したり、歩いたりできない、重い障がいの人もいます。でも、どんな障がいがあっても、心はみんなと同じです。親しみのこもったあいさつをされたり、反対に「自分とはちがう人だ」とさけられたり、相手が自分に対してどんな気持ちをもっているか、ちゃんと感じとっています。好きなものもあるし、きらいなものもあります。うれしい気持ち、悲しい気持ちもみんなといっしょ。

　世界中のどんな人でも、自分をみとめてくれる人と過ごせることはうれしいし、「あの人、ヘン！」と、じろじろ見られたり、仲間はずれにされることは悲しい。そうですよね？　体に病気があっても、障がいがあっても、障がいがなくても同じなのです。

　わかりやすいでしょ。

　病気をもっていても、障がいがあっても、「みんなと楽しく生きていきたい」と思っているのです。

ぼくは自閉症です。
絵をかいているととても楽しいです。

自閉症

ぼくは、片足ですがダンサーです。
この体形をいかしたダンスをおどります。

肢体不自由

わたしはスポーツが大好き。特に走るのが大好きで、伴走の人とマラソンをしています。

視覚障がい

おしばいをするのが好きです。
顔に大きなできものがあるので、はじめははずかしかったけど、今は快感です。

容ぼう障がい

わたしはきれいな音楽がとても好き。なかでも好きなのはクラシック音楽です！

重度の障がいで寝たきり

できない人を笑うのではなく、応援してあげる人になって

　みんなは一人ひとり、顔も、性格も、得意なこともちがいます。好きなこと、苦手なこと、がんばってもどうしてもできないことなど、それぞれにあるでしょう。
　「全部好きで全部できてすごい！」という人はいません。逆に、「何もできないし何もいいところがない！」という人もいません。
　もしあなたが、苦手なことをがんばってやっているときに、できないことを笑われたり、「なんでできないの〜！」とみんなから言われたら、どんな気持ちでしょう。とても悲しい気持ちになると思います。
　できない人がいたら、それを笑うのではなく、応援してあげる人になってほしいな。いつもわたしのそばにいて、わたしを救ってくれた、わたしの友だちのように。

障がいがあっても楽しく過ごせる社会はだれにとってもくらしやすい社会

障がいについて、少しわかっていただけましたか？

「障がい＝かわいそう」は、ちょっとちがうんだね。

うん。障がいがあっても、その人が孤独な気持ちにならないような世の中になればいいんだね。

そのためには、ぼくたち、どんなことをすればいいんだろう？

何をもとめているか想像できる人になってください。

　もし、町で障がいをもっている人に出会ったら、じろじろ見ないでください。とても悲しくなります。うれしいことも、悲しいことも、みんなと同じということを思い出してください。

　今まで見たことのない障がいをもっている人に出会っても、「もし、自分がこの人だったら、何をされたらうれしいかな？」「どんな助けが必要かな？」と、想像してみてください。

　そして、わからないときは、障がいをもっている本人や、まわりにいる家族などに、「こういうとき、どうしたらいい？」と、聞けばいいのです。聞きながら、かかわり合いをもてばいいのです。

　今日から、障がいがある人に出会ったときは、障がいがない人とはじめて会うときと同じように、笑顔であいさつするところからはじめてみてくださいね！

4 高齢者になると、どうなるの？

みんなだれしも年をとっていき、高齢者といわれる年代になります。
みなさんは"高齢者"と聞いて、どういう人を思いうかべますか？

腰が曲がっていて、つえをついてゆっくり歩いている人。

縁側でお茶を飲みながら、ひなたぼっこしているおじいちゃんとかおばあちゃん？

病気で病院に入院している人……？

「高齢者」以外にも、「お年寄り」「老人」「おじいちゃん、おばあちゃん」なんて呼び方もありますね。

では、じっさいの高齢者に「自分が"高齢になったなあ"と感じること」をうかがってみましょう。年を重ねていくと、若いころとどんなところがちがってくるのでしょうか？

足が痛くて外に出るのがおっくうになったな。

最近物わすれがひどくなってきた気がするわ。

耳が遠くなって、テレビの音が聞こえにくくなった。

力がなくなってきて家事をするのも大変になりました。

わかる、わかる！　ぼくにも思い当たることがありますね……。急に高齢者になるというより、年を重ねるうちに、少しずつ変化していくのかもしれませんね。

おじいちゃん、おばあちゃんってどんな人？

みなさんのまわりに高齢者はいますか？　たとえば、おじいちゃんやおばあちゃん、ひいおじいちゃんやひいおばあちゃんはどんな人ですか？

おじいちゃんはつりが得意で、ぼくに教えてくれたよ。

ひいおばあちゃんは入院しています。お見舞いに行くと、すごく喜んでくれます。

いなかのおばあちゃんは手紙をくれるよ。それを読むと、あったかい気持ちになるんだ。

ぼくのおばあちゃんは、そんなにやさしくないけどな。いつもおこっているし、自分がなくしたものでも、ぼくのせいにするし……。

あらあら、大変。でもそれも、前のページで見たように、体が痛かったり、物わすれがひどかったりするせいかもしれませんね。

　今、みなさんのお父さん、お母さんは、みなさんを一生けんめい育ててくれています。おじいちゃん、おばあちゃんは、そのお父さん、お母さんを一生けんめい育ててくれました。そして、ひいおじいちゃんやひいおばあちゃんは、そのおじいちゃんやおばあちゃんを一生けんめい育ててくれた人たちです。

　高齢者の方は、子どものころ今のみんなと同じように勉強をして、大人になって子どもを育てたり、働いたりして、今の社会を支えてくれた人たちです。そのおかげで、今、みんながここにいます。そのおかげで、今のくらしがあるのです。

お父さん、お母さんはすごいなあ！

お父さん、お母さんはすごいなあ！

高齢者になってみよう！

高齢者になると、体に不自由さを感じることが多くなってきます。次のような体験をしてみてください。高齢者がどんなふうに感じているのかわかる体験です。

眼鏡にセロハンをはって見る。

耳せんをつける。

足首におもりをつけたり、おもりのついた靴をはいたりして段差をのぼる。

ひじが曲がらないようにおもりのついたサポーターで固定する。

厚手の手袋をして物をつかんだり、おはしを使ったりする。

重いリュックをしょって階段をのぼる。

高齢者も笑顔でくらせる社会に

　みなさんは「福祉」ということばを知っていますか？　福祉とは、助けが必要な人に必要なサービスを届けたり、その人たちを守るための制度や設備を整えたりすることです。
　高齢者のための福祉としては、具体的には、体の不自由な高齢者のために施設にスロープをつくったり、ひとりでさびしい思いをしている高齢者のために地域のつながりをつくったりする試みがされています。社会の中で高齢者を支え、笑顔にする努力がされているのです。

スロープのほうが階段よりずいぶん楽だわ。

ここに来れば仲間がいて楽しいよ。

高齢者を支えるにはどんなことが必要か、みなさんができることについて考えてみましょう。

おじいちゃんとおばあちゃんの肩をたたいてあげよう。

電車でお年寄りに席をゆずる！

重そうな荷物を持ったお年寄りがいたら、かわりに持ってあげたらいいんじゃない？

こまっているように見える高齢者がいたら、「何かお手伝いしましょうか？」とやさしく声をかけてみましょう。

みんなにも、たくさんできることがありそうですね～。みんなの力でお年寄りを支え、すべての人が笑顔でくらせる社会をつくりたいですね。

ちがいをみとめ、みんなが笑顔でくらせる社会

この巻ではいろいろな立場の人について考えてきました。
全体を読んでみて、あなたは何か気がつきましたか？

そうです。どの立場の人のページでも、みんな同じことを言っています。それは、

大切なのは相手の気持ちを想像（そうぞう）すること。

みんなが人の気持ちを想像（そうぞう）できる人になれば、社会から差別（さべつ）や偏見（へんけん）はなくなります。差別（さべつ）や偏見（へんけん）がなくなると、だれもが自分らしく、心地（ここち）よくくらせるようになります。「ちがいをみとめ、みんなが笑顔（えがお）でくらせる社会」になるのです。

相手の気持ちを想像（そうぞう）できる人って、ステキ！みなさんもぜひ、そんな人になってください。

この本を読んでくれたあなたへ

尾木直樹（おぎなおき）

　さあ——みなさん、読んでみてどうだったかしら？　いっしょに"紙上授業"についてきてくれたかな？

　もしかしてみなさんの中には、これまで自分で自分の性に違和感を覚えたことがある人もいるかもしれませんね。最近はテレビなどで、パッと見ただけでは男性か女性かで分けることのできないタレントさんなどもたくさん活躍していますから（ぼくもその中のひとりかも？）、もしかしてみなさんにとって性の問題は、意外と身近に感じたかもしれませんね。

　この巻を通して尾木ママがいちばんみんなにわかってほしかったことのひとつは、この巻で勉強したように、100人いれば100通りの顔があるように、100通りの性もあっていいんだということ。そして、性のあり方だけではなく、障がいのあるなし、年齢や国、皮ふの色、体型などのちがいを攻撃したり、差別したり、いじめたり、笑いものにしたり、無理に同じにさせようとしたりするのではなく、一人ひとりがちがう存在として輝いて生き合おうよと呼びかけたいのです。そうすれば、だれもが安心して生活できるし、みんな笑顔になれる。つまり、みんなしあわせになれるんだと思うのです。

　人類の長い歴史は、着実にそういった一人ひとりの多様なあり方をみとめ合う「多文化共生」の時代に向かって歩を進めてきたんだと思います。それでも、これとは反対の動きがあったりと、困難もあるでしょう。でも、みんなのように若い力がそれらを確実に乗り越えてくれるんだと尾木ママは信じているよ。

この本に出てくることば

あ行

アセクシャル ……………………………………… 31
いろいろな性 ………………………… 10,17,21,30
違和感（性の） …………………………………… 25
インターセックス ………………………………… 31
うつ病 ……………………………………………… 41
LGBT …………………………………… 29,30,31
LGBTQ・LGBTIQ ………………………………… 31
おじいちゃん ……………………… 52,54,55,59
男らしさ ……………………………… 10,15,16,17
お年寄り ………………………………………… 52,59
おばあちゃん ……………………… 52,54,55,59
音声・言語障がい …………………………………… 40
女らしさ ……………………………… 10,15,16,17

か行

外国人・外国の人 ………… 32,34,35,36,39
体の性 ……………… 10,12,18,19,23,24,25,28
筋肉 ……………………………………… 43,44,56
クエスチョニング ………………………………… 31
グラデーション・性のグラデーション ……… 14,18,19
ゲイ ……………………………………… 28,30,31
高齢者 …………………………………………… 52-59
心の性 ……………… 10,12,19,23,24,25,28
個性 ……………………………………… 15,21,22

さ行

差別 ……………………… 28,34,35,39,47,61
視覚障がい ………………………………… 40,48
肢体不自由 ………………………………… 40,41,48
自分らしさ・自分らしく ……… 10,15,21,23,28,61
自閉症・自閉症スペクトラム ………………… 41,48
重度の障がい ……………………………………… 48
障がい ……………………………………… 40-51
神経 ……………………………………………… 43,44

た・な行

知的障がい …………………………………………… 41
聴覚障がい …………………………………………… 40
統合失調症 …………………………………………… 41
トランスジェンダー ……………………………… 31
内部障がい …………………………………………… 41
仲間はずれ ………………………………………… 39,48
にじ ……………………………… 14,17,23,31
脳 ……………………………………………… 43,44

は行

バイセクシャル …………………………………… 31
発達障がい …………………………………………… 41
パンセクシャル …………………………………… 31
100通りの性 ……………………………… 14,23,24
福祉 ……………………………………………… 58
ヘイトスピーチ ………………………………… 34,38
偏見 ……………………… 23,26,27,47,61

ま・や・ら行

みとめ合う・みとめ合い ……………………… 39
容ぼう障がい ……………………………………… 48
レズビアン ……………………………………… 30,31

（右段上部）

身体障がい …………………………………………… 40
好きになる人の性 ……………………… 24,25,31
精神障がい …………………………………………… 41
性的少数者→セクシュアル・マイノリティ
性のギャップ ………………………………………… 23
性の多様性 …………………………………………… 31
性別 ……………………………… 18,20,22,31
セクシュアル・マイノリティ（性的少数者）
………………………… 25,26,27,30,31
想像して・想像する ……… 33,34,36,51,61
そしゃく機能障がい ……………………………… 40

監修／尾木直樹（おぎ なおき）

1947年、滋賀県生まれ。教育評論家、臨床教育研究所「虹」所長。早稲田大学卒業後、中学・高校などで教員として22年間ユニークで創造的な教育実践を展開。法政大学キャリアデザイン学部教授、教職課程センター長を経て定年退官後は特任教授。調査・研究、評論、講演、執筆活動にも取り組み、最近は「尾木ママ」の愛称で多数のメディア等で活躍中。

制作協力／仲野繁（なかの しげる）

1954年、茨城県生まれ。東京都足立区立辰沼小学校校長（2017年3月現在）。東京理科大学卒業後、中学・高校で数学科教員として28年間勤める。その後管理職となり、ここ数年間は、小学校の校長として、いじめ防止教育を展開。いじめ防止教育の普及に取り組む。

協力／東京都足立区立辰沼小学校

- 編集制作 ─── 株式会社アルバ
- 制作協力 ─── 臨床教育研究所「虹」
- 表紙イラスト ─ 藤田ヒロコ
- 巻頭マンガ ─── 上大岡トメ
- イラスト ─── 藤田ヒロコ、サトゥー芳美
- デザイン ─── チャダル108
- 執筆協力 ─── 木村芽久美、金田 妙、用松美穂
- 写真撮影 ─── 五十嵐佳代
- 校正 ─── 田川多美恵

参考文献：『LGBTってなんだろう？─からだの性・こころの性・好きになる性』薬師実芳、笹原千奈未、古堂達也、小川奈津己著（合同出版）／『いろいろな性、いろいろな生き方』（全3巻）渡辺大輔著（ポプラ社）／『これからの福祉を考えよう』一番ヶ瀬康子監修（文溪堂）／『ふれあうことから始めよう高齢社会がわかる本』一番ヶ瀬康子監修（くもん出版）

尾木ママのいのちの授業③
みとめあういのち

発　行　2017年4月　第1刷

監　修　尾木 直樹
発行者　長谷川 均
編　集　浦野 由美子

発行所　株式会社ポプラ社
　　　　〒160-8565
　　　　東京都新宿区大京町22-1
振　替　00140-3-149271
電　話　03-3357-2212（営業）
　　　　03-3357-2635（編集）
インターネットホームページ http://www.poplar.co.jp
印刷・製本　今井印刷株式会社
ISBN978-4-591-15358-1　N.D.C.304/63P/23cm
Printed in Japan

本書のコピー、スキャン、デジタル化等の無断複製は著作権法上での例外を除き禁じられています。本書を代行業者等の第三者に依頼してスキャンやデジタル化することは、たとえ個人や家庭内での利用であっても著作権法上認められておりません。
落丁本・乱丁本は、送料小社負担でお取り替えいたします。小社製作部宛にご連絡ください。（電話 0120-666-553）
受付時間は月～金曜日、9：00～17：00 です（祝祭日は除く）。

★ポプラ社はチャイルドラインを応援しています★

こまったとき、なやんでいるとき、
18さいまでの子どもがかけるでんわ
チャイルドライン®
0120-99-7777
ごご4時～ごご9時　＊日曜日はお休みです
電話代はかかりません　携帯・PHS OK

いのちについて、尾木ママといっしょに考えてみよう

尾木ママのいのちの授業

監修 尾木直樹

全5巻

① 自分のいのちを育てよう
N.D.C.113

② 友だちのいのちと自分のいのち
N.D.C.371

③ みとめあういのち
N.D.C.304

④ いのちってなんだろう
N.D.C.491

⑤ いのちを考えるブックガイド
N.D.C.028

小学校中学年～中学生向き
各63ページ（5巻のみ47ページ）

B4変型判　図書館用特別堅牢製本図書